# DECLARACIÓN DE "LIBERTAD" PARA LA EDUCACIÓN SOCIAL
## -"Efecto Mariposa"-

Dedicado a Álvaro Tomás,
sin el cual mi vida sería un lugar
sin los colores del arco iris y la luz,
que cada aleteo de mariposa,
nos regala cada día
de nuestra existencia humana.
Gracias. Te amo hijo.

Printed in United States of America
Primera Edición, Mayo 2013

Título

MI EDUCACIÓN SOCIAL
-"Efecto Mariposa"-

Serie:
La Alquimia de Los Trabajadores de la Luz

ISBN: 978-1-291-40854-6

## LIBERTAD= Paz + Fraternidad + Igualdad + Servicio +Tolerancia + Respeto + Amor Incondicional

## EFECTO MARIPOSA = Efecto Global que cambia el Paradigma Social.

# INDICE

"LO QUE PARA LA ORUGA
ES EL FINAL DEL MUNDO,
EN REALIDAD ES
UNA BELLÍSIMA MARIPOSA"

LAO TSÉ

## INTRODUCCIÓN

Este libro te ayudará a reflexionar sobre los valores humanos que estamos dejando perder como consecuencia de las actitudes políticas, con efecto desastroso en la sociedad.

Estamos siempre sometidos desde muy pequeños a una *evaluación* continua y en mi humilde opinión, es un gran error. Deberíamos realmente valorarnos en nuestra propia *evolución*, no sólo como persona, sino como Ser Humano y para ello es necesario tener siempre presente que el respeto hacia uno mismo y hacia los de nuestro entorno; así como la dignidad que todos necesitamos para vivir la vida tiene un gran, *el "efecto mariposa".*

*Actualmente es nuestra mejor herramienta de trabajo para conseguir el cambio del Paradigma Social.*

## METAMORFOSIS

Como ciudadana española, no apátrida, pero también ciudadana del mundo del siglo XXI, quiero compartir este "Manual" como una Declaración de Libertad, que generará una Educación Social y de Paz, con el único objetivo de que su práctica cotidiana contribuya a la acción del "Efecto Mariposa".

Ahora imaginaros que ya no existen utopías, que sólo existen realidades y verdades. Sé que muchos de vosotros ya os suena como real, porque nuestras vidas han dado un giro de 180 grados; y lo que nunca nos imaginábamos que nos podía suceder está sucediendo una y otra vez, alcanzando mas allá de donde nuestra mente puede asimilar. ¿Qué más podemos perder? Nos ha llegado el momento de empezar desde cero.

Volver a nacer ¡, pero transformados ¡.

Por experiencia sabemos que no queremos lo que hemos vivido, ya que lamentablemente sabemos las consecuencias y la caída es totalmente "mortal".

Esta segunda oportunidad de Vivir la Vida, estando vivos, no creo que la hayan tenido muchas generaciones en este mundo.

Vivimos un tiempo especialmente delicado y si que hemos aprendido a no olvidar los recursos que siempre han funcionado a lo largo de las distintas civilizaciones de este planeta.

Por lo que hemos estudiado en la escuela, toda civilización alcanza un punto de inflexión que le lleva a la destrucción, al caos y luego renace lo nuevo, lo auténtico, la esencia purificada de esos terribles acontecimientos vividos en los que nos sentimos tan perdidos, que no podíamos ni nombrar la palabra "esperanza", pues ya no existía la certeza de que realmente pudiera seguir "viva".

Reflexionar sobre la necesidad de transformación de las personas, de las actitudes y de nuestras acciones es imprescindible para sobrevivir al cambio.

Este proceso recibe el nombre de "efecto mariposa" porque es nuestra única alternativa.

Muchas personas pueden todavía no entender muy bien donde quiero llegar, ó tal vez no entender ni tan siquiera donde estoy, en que punto me encuentro, desde donde puedo renacer y dado que soy una mujer que me gusta alimentar mi mente y mi alma (tanto cómo mi cuerpo físico), os dejo aquí un pequeño relato que significa el principio de toda no acción, para que luego se produzca el aleteo de la nueva vida.

Una pequeña oruga caminaba un día en dirección al sol. Muy cerca del camino se encontraba un saltamontes.

"¿Hacia donde te diriges?" - le preguntó -.

Sin dejar de caminar, la oruga contestó: "Tuve un sueño anoche: soñé que desde la punta de la gran montaña yo miraba todo el valle. Me gustó lo que ví en mi sueño y he decidido realizarlo".

Sorprendido, el saltamontes dijo mientras su amigo se alejaba: "¡Debes estar loca!, ¿cómo podrás llegar hasta aquel lugar?, ¿tú?, ¿una simple oruga? .... una piedra será una montaña, un pequeño charco un mar y cualquier tronco una barrera infranqueable...".

Pero el gusanito ya estaba lejos y no lo escuchó, su diminuto cuerpo no dejó de moverse.

De pronto se oyó la voz de un escarabajo preguntando hacia dónde se dirigía con tanto empeño. La oruga contó una vez más su sueño y el escarabajo no pudo soportar la risa, soltó la carcajada y dijo: "Ni yo, con patas tan grandes, intentaría realizar algo tan ambicioso", y se quedó en el suelo tumbado de la risa mientras la oruga continuó su camino, habiendo avanzado ya unos cuantos centímetros.

Del mismo modo el topo y la rana le aconsejaron a nuestro amigo desistir: "¡No lo lograrás jamás!" le dijeron, pero en su interior había un impulso que lo obligaba a seguir.

Ya agotada, sin fuerzas y a punto de morir, decidió parar a descansar y construir con su último esfuerzo un lugar donde pernoctar.

"Estaré mejor", fue lo último que dijo y murió.

Todos los animales del valle fueron a mirar sus restos, ahí estaba el animal más loco del campo, había construido como su tumba un monumento a la insensatez, ahí estaba un duro refugio, digno de uno que murió por querer realizar un sueño irrealizable.

Esa mañana en la que el sol brillaba de una manera especial, todos los animales se congregaron en torno a aquello que se había convertido en una advertencia para los atrevidos. De pronto quedaron atónitos, aquella costra dura comenzó a romperse y con asombro vieron unos ojos y unas antenas que no podían ser las de la oruga que creían muerta, poco a poco, como para darles tiempo de reponerse del impacto, fueron saliendo las hermosas alas de mariposa de aquel impresionante ser que tenían en frente, el que realizaría su sueño, el sueño por el que había vivido, por el que había muerto y por el que había vuelto a vivir.

Todos se habían equivocado!.

El éxito en la vida no se mide por lo que has logrado, sino por los obstáculos que has tenido que enfrentar en el camino. Aunque el camino sea largo y difícil, no te dejes vencer... si eres constante, tus sueños pueden convertirse en realidad.

# EFECTO MARIPOSA

**Efecto Global que cambia el Paradigma Social**

## El Huevo y La Oruga

Se ha escrito bastante sobre el "efecto mariposa" y puedo decir que lo más curioso que he leído sobre ello, es la llamada *"teoría del caos"*.

La *teoría del caos* es hija de muchos padres, su existencia se la debemos a los matemáticos *Benoît Mandelbrot* y *Gastón Julia*, al biólogo *Arthur Taylor Winfree*, al psiquiatra *Arnold Mandell* y a *Edward Norton Lorenz*.

¡Ellos no fueron los primeros en tropezar con el caos!.

*A finales del siglo XIX, el matemático francés Henri Poincaré mostró que la danza gravitatoria de tres cuerpos celestes era tan compleja que resultaba imposible de calcular, aunque las ecuaciones que describen el movimiento parezcan simples. Pero las ideas de Poincaré no fueron reconocidas en su tiempo.*

*Edward Norton Lorenz*, nació en West Haven (Connecticut) el 23 de mayo de 1917. Se licenció en matemáticas por el *Dartmouth College* en 1938. Dos años más tarde, finalizó un master también en matemáticas por la *Universidad de Harvard*.

Con el estallido de la Segunda Guerra Mundial fue reclutado por el ejército estadounidense, sirviendo como pronosticador del tiempo para la Fuerza Aérea Estadounidense.

Después de la guerra decidió estudiar meteorología en el *Instituto de Tecnología de Massachuseetts* en *Boston*, donde estudió bajo la tutela de *James Murdoch Austin*. Estudiando primero un master y luego un doctorado. En 1948, se convirtió en profesor interino de la universidad. Y en 1962 obtuvo la plaza de catedrático, dedicándose a hacer simulaciones climáticas usando las computadoras de la época, bastante limitadas en tiempo y recursos lo que hacía necesario detener las simulaciones e imprimir los resultados y continuar cuando le asignaran más tiempo.

**Y la casuística**, como en otros muchos grandes momentos de la historia, **volvió a aparecer**.

(Particularmente no creo en las casualidades, sino en las causalidades)

Un día de 1961 realizaba una serie de simulaciones usando un programa informático de predicción. Intentaba repetir la misma simulación varias veces consecutivas y para ello apuntó los datos de la segunda fase de la misma para no tener que completar continuamente el modelo completo. Fue entonces cuando descubrió que una diferencia menor al 0'1% (provocada por el redondeo) de las condiciones iniciales provocaba cambios drásticos en la predicción final que lo alejaban rotundamente de los resultados obtenidos en el primer intento.
Lo que hacía que el simple aleteo de una mariposa convirtiera a la predicción atmosférica a largo plazo en una fantasía imposible de hacer realidad.

**Este descubrimiento casual dio pie a su ensayo *"Previsibilidad"*, a la *"teoría del caos"* y *"el efecto mariposa"*.**

La *teoría del caos* dice: *"que el caos es la complejidad de la supuesta causalidad en la relación entre eventos sin que se observe una traza que relacione la causa con el efecto"*.

Esto significa que cualquier evento insignificante del universo tiene el poder potencial de desencadenar una ola de eventos que alteren el sistema completo.

El estudio del caos puede estar relacionado con el azar, el destino o la casualidad y todo aquello que aparentemente no tiene una relación funcional que lo rija, pero que en un determinado momento se produce a través de enormes energías y generando cambios notables que el hombre no se puede explicar.

Durante su conferencia del año 1972. Además de las importantes cuestiones que debatió –la predictibilidad del clima, el cálculo numérico o la importancia del ordenador para crear modelos climáticos- *Lorenz* ejemplificó con el aleteo de un pequeño insecto en un punto determinado del Globo la capacidad para desencadenar una situación de desequilibrio, de inestabilidad, en las condiciones meteorológicas de lugares alejados. En la actualidad, y en un contexto en que todos estamos fuertemente interconectados, la imagen del ala de la mariposa se podría utilizar, también, para ilustrar el concepto de crisis global.

A escala global, la alegoría de *"el ala de la mariposa"* puede hacer más evidente la influencia que llegan a ejercer algunos factores sobre determinados aspectos de la vida en nuestro planeta; en un medio inestable definido como caótico, único e irrepetible la idea del *"ala de la mariposa"* ilustra sobre la sensibilidad que pueden ofrecer los aspectos de la vida humana sujetos a determinadas condiciones.

No se libran, entre otros, los mercados de valores, los movimientos políticos y sociales, la evolución de las economías, los accidentes geográficos, el sistema circulatorio del cuerpo humano, la configuración neuronal o los copos de nieve.

A pesar de esa aparente impredicibilidad, los sistemas caóticos son funcionales, pueden describirse matemáticamente y siguen una forma determinada generando un espacio de fases que constituyen todos los posibles estados por el que el sistema puede transitar.

Bajo estas premisas desarrolló un sistema dinámico, determinístico, tridimensional y no lineal para entender fenómenos atmosféricos que escapan de lo predecible.

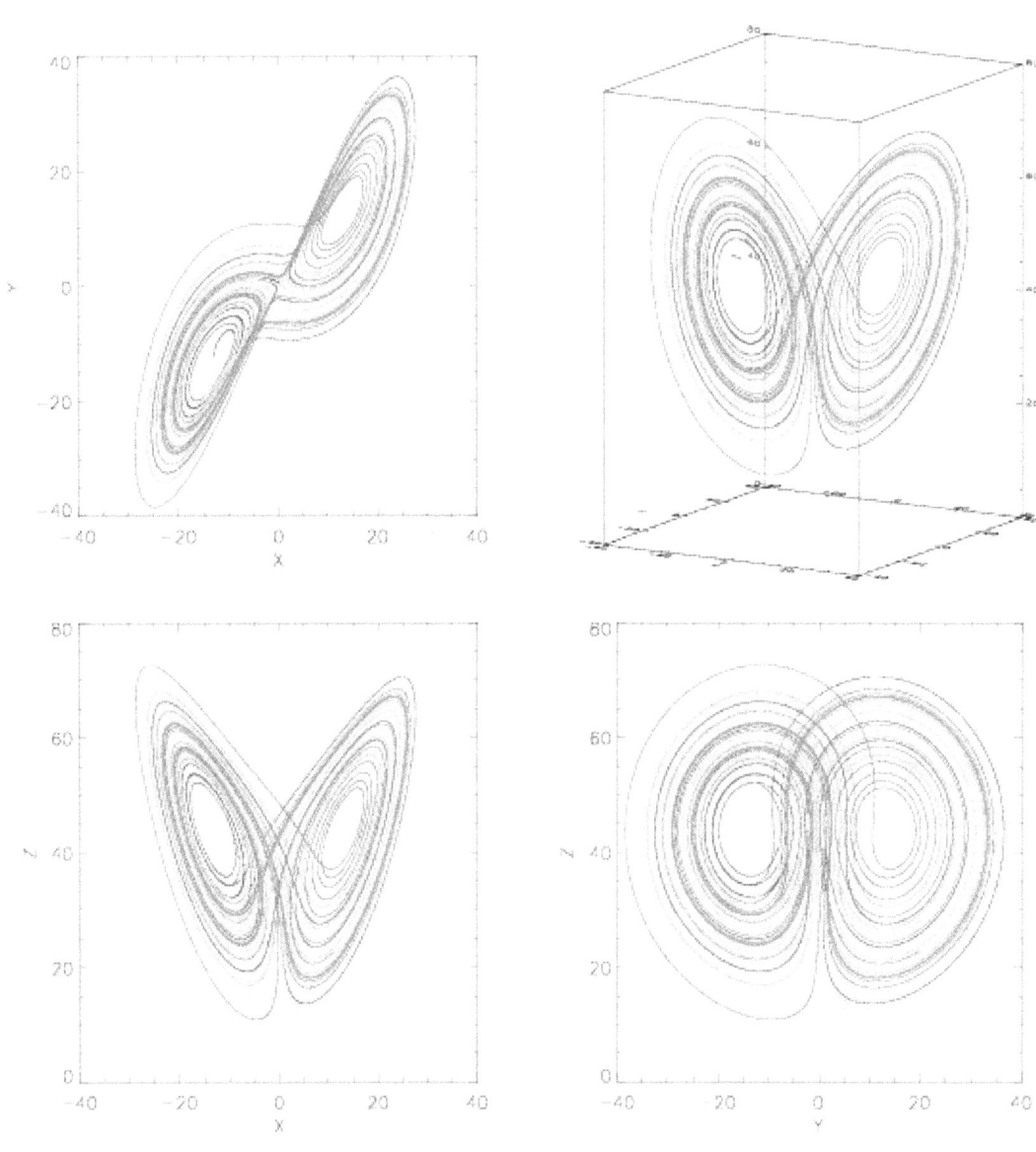

Es posible que las gráficas con las que se representa ese modelo, llamado *Atractor de Lorenz*, hayan llevado a la mente del sabio la idea del lepidóptero, aunque otras fuentes postulan que en realidad el meteorólogo se inspiró en un cuento de *Ray Bradbury "El sonido del trueno"*, en el que unos viajeros del tiempo pisan inadvertidamente una mariposa y, cuando regresan a su época, se encuentran con un mundo que, a causa de esa pequeña alteración, tomó un rumbo evolutivo distinto y que, a ojos de ellos, se encuentra severamente alterado.

*Teóricamente, conociendo el <u>atractor</u> de un sistema se podría manipular el caos.*

En sus últimos años de vida, según su hija *Cheryl Lorenz*, seguía aún activo, saliendo a caminar cada semana y había seguido participando en diferentes investigaciones y estudios ayudado por algunos de sus colegas de profesión. Muriendo de cáncer el 16 de abril de 2008 a los 90 años.

Su investigación ya fue reconocida con el *Premio Crafoord* que otorga la Academia Real de Ciencias de Suecia creado en reconocimiento de labores no científicas incluidas en los *Premios Nobel*. Posteriormente recibe el *Premio Kyoto* de las ciencias planetarias, la astronomía y la astrofísica en 1991. En esa ocasión, el jurado que decidió el galardón señaló que *Lorenz*:

"T*uvo su más osado logro científico al descubrir el caos determinista, un principio que llevó consigo los cambios más dramáticos en la visión humana de la naturaleza desde los tiempos del naturalista inglés Isaac Newton*".

Como punto final comentar que el caos no resulta ser tal, sino que en el existe cierta organización matemática. Lo único que todavía no hemos sido capaces de comprenderla... y *lograr ejercer la influencia sutil para causar un efecto mariposa libertador requiere mucho esfuerzo y actitudes de esperanza, reconocimiento de la realidad, de las capacidades y habilidades de cada miembro; así como creer para crear el compromiso y la convicción de liberarse, asumiendo retos y responsabilidades.*

*Pequeños cambios en tu actitud, filosofía personal, pensamientos y emociones, conducta etc. con el tiempo pueden llegar a transformarse en enormes resultados que se manifestarán en tu vida personal y profesional.*

*"El aleteo de las alas de una mariposa se puede sentir al otro lado del mundo" (Proverbio chino).*

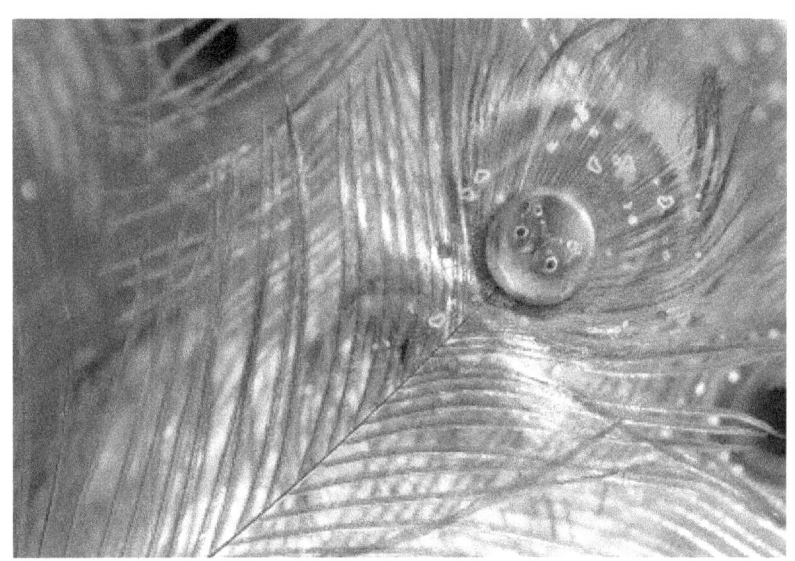

## La Crisálida

Desde muy pequeña, me ha fascinado el vuelo de la mariposa y a la vez me daba un poco de "miedo" que se acercara a mí, hasta que un día decidí extender mi mano para que ella se acercara a mí.

¿Has tocado alguna vez una mariposa de múltiples colores que irradia luz de vida? Yo sí, he tenido esa vida entre mis manos y su suave aleteo para posarse y alzar el vuelo, sigue fascinándome hoy en día, a mis cincuenta años.

Recuerdo también cuando mis padres me llevaron al cine a ver la película donde salía _Campanilla_ (Petar Pan de Disney), comprendí que los sueños se hacen realidad, porque lo estaba viendo con mis propios ojos. La vida tintineaba en cada aleteo de esa hadita que parecía una mariposa.

Cada _vuelo_ provocaba una "incidencia" que generaban cambios y más cambios con un "efecto en cadena" de gran impacto, porque al final sin casi darse cuenta, generaba la mejor solución al "conflicto".

Tal vez para algunos de vosotros, el hecho de comparar a Campanilla con el Efecto Mariposa, sea algo atrevido o absurdo, pero seguro que lo comprendes perfectamente.

Ahora bien, ¿cómo hacemos que esta "utopía" sea una realidad cotidiana? Evidentemente no nos vamos a disfrazar de Campanilla o de Mariposa y ya está; pero sí que podemos hacer algo muy sencillo y es observar a nuestros hijos pequeños, _"jugar"_ y recordar cuando éramos como ellos, para mantener siempre nuestro niño interior vivo.

¿Cómo lograr recordar al niño que fuiste e integrarlo en tú actual personalidad adulta? Eliminando viejos patrones, caducos y obsoletos, con los que fuimos educados o más bien "domesticados" y darnos cuenta que:

## 1.-Está bien sentir lo que sientes

## 2.-Está bien querer lo que quieres

3.-Está bien ver y oír lo que ves y oyes

4.-Está bien y es necesario tener diversiones y juegos

5.-Es importante decir siempre la verdad

6.-Es importante conocer y reconocer nuestros límites

7.-Es crucial desarrollar un sentido de la responsabilidad equilibrado

8.-Se pueden cometer errores

9.-Se deben respetar y valorar los sentimientos, necesidades y deseos de los demás.

10.-Está bien tener problemas y resolverlos.

Decir mas veces, ¡SÍ SE PUEDE!, es básico y crucial para el Efecto Mariposa.

Quiero ahondar un poquito más en el tema del niño interior, y deciros que detrás de la personalidad de adulto tenemos una base emocional muy vulnerable y sensible marcada por las experiencias traumáticas de nuestra infancia. A esta parte de nuestro interior la llamamos: el niño interior.

En nuestra vida cotidiana el niño interior percibe y interactúa con el mundo que le rodea dirigiendo inconscientemente nuestras emociones y nuestro comportamiento.

El desconocimiento, la negación o la minimización de nuestro niño interior herido –de nuestra base emocional–, es lo que provoca que atraigamos personas y situaciones que no colman nuestras necesidades, que a menudo nos sintamos rechazados, traicionados o abandonados. Que desarrollemos relaciones que generan dependencia, desconfianza, resentimiento, sentimientos de culpa o impotencia. O que tratemos de aliviar nuestra frustración o inseguridad con comportamientos adictivos, encerrándonos en nuestro propio mundo, refugiándonos tras una coraza que aumenta la sensación de soledad o vacío.

*En la educación es indispensable tener una visión positiva que se transmita a las personas, a pesar de las situaciones, así como para buscar mejorarlas, de lo contrario se genera un cansancio y aceptación de la realidad que puede llevar hacia la pasividad e inactividad ante esta.*

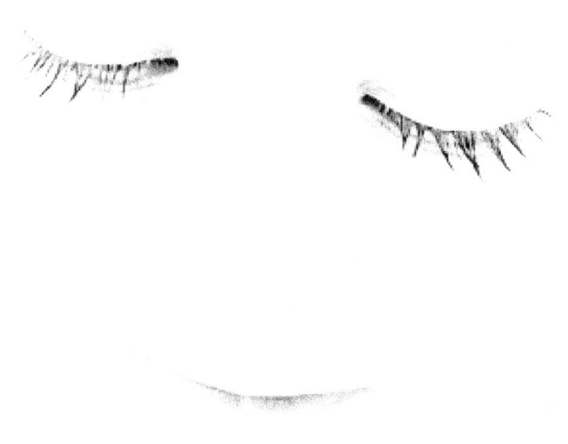

## La mariposa

¿Qué representa cada aleteo de la mariposa?
Representa un acto: una manifestación de respeto hacia uno mismo, hacia el medio ambiente y hacia los demás; una actitud, la forma de comunicarnos, el diálogo, la solidaridad, la cooperación, el aprecio y aceptación de las diferencias, el afecto, la búsqueda de nuevas alternativas, el amor, la lucha por la justicia. Representa la actitud diferente que incide en el cambio, cada aleteo es individual, pero su magnitud o fuerza, velocidad y secuencia generan una unidad de aleteos que se suman y tienen más fuerza para generar el *tornado*.

## EDUCACION SOCIAL

No es difícil de definir, pues se construye con dos caminos: La Educación y Lo Social (Yin/Yang) y llegado a este punto, por favor dejadme que ponga mi mente en un estado oriental y no con la visión occidental( porque está demostrado que no me funciona ya muy bien)

### *Sólo existe el Aquí y Ahora, en estos momentos de mi vida.*

El YinYang es un símbolo dinámico. Muestra la continua interacción de dos energías y su equilibrio: como tal, es un símbolo de armonía. Es un símbolo que crea igualdad pues sin el Yin no podría existir el Yang y al revés, igual, y sin la interacción de ambos, no se genera vida.

No existe nada opuesto entre el Yin y el Yang. Son complementarios.

Lao-tzu en "Tao-te ching" escribió: *"Todo tiene dentro de sí ambos, yin y yang y de su ascenso y descenso alternados nace la nueva vida".*

Cuando una de las dos energías llega a su máxima expresión, inicia la transformación en su opuesto: esto es lo que representan los dos puntos en el símbolo.

En su máxima expresión, el yang contiene la semilla del yin, tanto como el yin contiene la semilla del yang.

Ya he vuelto a mi mente occidental, sin dejar de lado este "aleteo" oriental. ¡Que sensación de bienestar!
Me encanta poder interactuar con ambas "mentes".

De esta forma dejo que el equilibrio fluya e influya positivamente en el cuenco de mi mente.
Prefiero llenarla de todo lo positivo que pueda conseguir. Principalmente por mi salud mental y por supuesto física y emocional.

Para poder decretar y declarar la mente debe aquietarse en el silencio del conocimiento y desde ese punto actuar conforme el *derecho de "libertad"*.

La palabra derecho proviene del término latino *directum* y significa "lo que está conforme a la regla".
La regla tiene como objetivo regular la conducta humana en la sociedad.

Esta definición me parece muy acertada, y realmente alentadora por quién o quienes (imagino juristas) la hayan *inventado*.
Realmente me vuelvo a emocionar al leer *"la conducta humana"*; y espero que otros muchos puedan darse cuenta de la importancia que tiene el poder hablar de ella.

"Conducta humana", (en mi mente yin/yang), significa: *conductus humanitas*- la cultura del conocimiento para llegar a "Ser Humano".

No deseo vincular este reencuentro con postulados o reglas, sólo quiero que la propia Palabra, las propias Letras tomen Vida dentro de tus recuerdos y afloren con armonía musical. La música es un arte muy especial para conseguir abrir puertas al encuentro de la auténtica sociedad que declara su derecho a la libertad.

Ahora nos vamos a centrarnos en unir esos dos caminos que hemos visto y comparado en el apartado anterior; lo dirigimos a nuestra vida cotidiana: Educación y Social.

## 1.- "Libertas Conductus Humanitas"

La gran mayoría de nosotros vivimos agrupados y reunidos en un entorno que compartimos todos. Cada uno de nosotros desarrolla en el grupo sus habilidades para construir, crear e interactuar con el objetivo de evolucionar y prosperar dentro del conjunto de la sociedad.

Por nuestra naturaleza innata, el hombre y la mujer se agrupan, necesitamos el uno del otro para sobrevivir. Nuestras acciones van dirigidas hacia búsqueda de una calidad de vida, sustentada en la dignidad, reconocimiento y respeto mutuo. Es un proceso solidario y cooperativo en el cual los intereses individuales trascienden a lo colectivo.
Actuamos usando el corazón porque queremos coexistir en paz.

Por eso la educación es fundamental para nuestro desarrollo y evolución como "ser humano". Y requiere educarse conjuntamente para la vida, la autonomía y la libertad, lo cual se logra con el compromiso, la dedicación y el deseo de ir más allá en las relaciones humanas, en busca de un beneficio común.

*"Toda persona tiene derecho a recibir una educación en la paz y los derechos humanos, fundamento de todo sistema educativo, que contribuye a generar procesos sociales basados en la confianza, la solidaridad y el respeto mutuo, facilite la solución pacífica de los conflictos y ayude a pensar de una forma nueva las*

*relaciones humanas" (Artículo 2 de la Declaración de Luarca-Asturias- sobre el Derecho Humano a la Paz, 2008)*

### 2.- *"Libertas Conductus Humanitas"*

Somos una sociedad y vivimos en comunidad; pero a la vez somos protagonistas de nuestra propia historia. Porque los constructores de cultura como nosotros, siempre miran mas allá de las realidades y vivencias de la cotidianeidad; y generamos los cambios, a través del "efecto mariposa".

Sembramos, día a día:

***El diálogo

***La Solidaridad

***La aceptación, respeto y aprecio a la diversidad.

***La Paz y la No Violencia

***La Acción Social Positiva

***El Respeto y Ejercicio de los Derechos Humanos (Declaración Universal que fue redactada tras la Segunda Guerra Mundial y aprobada en la ONU el 10 de Diciembre de 1948 –Siempre viva en nosotros-).

En definitiva, la evolución del humano para llegar a *Ser Humano.*

# DECLARACION UNIVERSAL DE LOS DERECHOS HUMANOS

## Preámbulo

*Considerando* que la libertad, la justicia y la paz en el mundo tienen por base el reconocimiento de la dignidad intrínseca y de los derechos iguales e inalienables de todos los miembros de la familia humana;

*Considerando* que el desconocimiento y el menosprecio de los derechos humanos han originado actos de barbarie ultrajantes para la conciencia de la humanidad, y que se ha proclamado, como la aspiración más elevada del hombre, el advenimiento de un mundo en que los seres humanos, liberados del temor y de la miseria, disfruten de la libertad de palabra y de la libertad de creencias;

*Considerando* esencial que los derechos humanos sean protegidos por un régimen de Derecho, a fin de que el hombre no se vea compelido al supremo recurso de la rebelión contra la tiranía y la opresión;

*Considerando* también esencial promover el desarrollo de relaciones amistosas entre las naciones;

*Considerando* que los pueblos de las Naciones Unidas han reafirmado en la Carta su fe en los derechos fundamentales del hombre, en la dignidad y el valor de la persona humana y en la igualdad de derechos de hombres y mujeres, y se han declarado resueltos a promover el progreso social y a elevar el nivel de vida dentro de un concepto más amplio de la libertad;

*Considerando* que los Estados Miembros se han comprometido a asegurar, en cooperación con la

Organización de las Naciones Unidas, el respeto universal y efectivo a los derechos y libertades fundamentales del hombre, y

*Considerando* que una concepción común de estos derechos y libertades es de la mayor importancia para el pleno cumplimiento de dicho compromiso;

**La Asamblea General *proclama la presente*:**

**Declaración Universal de Derechos Humanos** como ideal común por el que todos los pueblos y naciones deben esforzarse, a fin de que tanto los individuos como las instituciones, inspirándose constantemente en ella, promuevan, mediante la enseñanza y la educación, el respeto a estos derechos y libertades, y aseguren, por medidas progresivas de carácter nacional e internacional, su reconocimiento y aplicación universales y efectivos, tanto entre los pueblos de los Estados Miembros como entre los de los territorios colocados bajo su jurisdicción.

## Artículo 1
Todos los seres humanos nacen libres e iguales en dignidad y derechos y, dotados como están de razón y conciencia, deben comportarse fraternalmente los unos con los otros.

## Artículo 2
1. Toda persona tiene todos los derechos y libertades proclamados en esta Declaración, sin distinción alguna de raza, color, sexo, idioma, religión, opinión política o de cualquier otra índole, origen nacional o social, posición económica, nacimiento o cualquier otra condición.

2. Además, no se hará distinción alguna fundada en la condición política, jurídica o internacional del país o territorio de cuya jurisdicción dependa una persona, tanto

si se trata de un país independiente, como de un territorio bajo administración fiduciaria, no autónomo o sometido a cualquier otra limitación de soberanía.

### Artículo 3
Todo individuo tiene derecho a la vida, a la libertad y a la seguridad de su persona.

### Artículo 4
Nadie estará sometido a esclavitud ni a servidumbre, la esclavitud y la trata de esclavos están prohibidas en todas sus formas.

### Artículo 5
Nadie será sometido a torturas ni a penas o tratos crueles, inhumanos o degradantes.

### Artículo 6
Todo ser humano tiene derecho, en todas partes, al reconocimiento de su personalidad jurídica.

### Artículo 7
Todos son iguales ante la ley y tienen, sin distinción, derecho a igual protección de la ley. Todos tienen derecho a igual protección contra toda discriminación que infrinja esta Declaración y contra toda provocación a tal discriminación.

### Artículo 8
Toda persona tiene derecho a un recurso efectivo ante los tribunales nacionales competentes, que la ampare contra actos que violen sus derechos fundamentales reconocidos por la constitución o por la ley.

## Artículo 9

Nadie podrá ser arbitrariamente detenido, preso ni desterrado.

## Artículo 10

Toda persona tiene derecho, en condiciones de plena igualdad, a ser oída públicamente y con justicia por un tribunal independiente e imparcial, para la determinación de sus derechos y obligaciones o para el examen de cualquier acusación contra ella en materia penal.

## Artículo 11

1. Toda persona acusada de delito tiene derecho a que se presuma su inocencia mientras no se pruebe su culpabilidad, conforme a la ley y en juicio público en el que se le hayan asegurado todas las garantías necesarias para su defensa.

2. Nadie será condenado por actos u omisiones que en el momento de cometerse no fueron delictivos según el Derecho nacional o internacional. Tampoco se impondrá pena más grave que la aplicable en el momento de la comisión del delito.

## Artículo 12

Nadie será objeto de injerencias arbitrarias en su vida privada, su familia, su domicilio o su correspondencia, ni de ataques a su honra o a su reputación. Toda persona tiene derecho a la protección de la ley contra tales injerencias o ataques.

## Artículo 13

1. Toda persona tiene derecho a circular libremente y a elegir su residencia en el territorio de un Estado.

2. Toda persona tiene derecho a salir de cualquier país, incluso del propio, y a regresar a su país.

## Artículo 14

1. En caso de persecución, toda persona tiene derecho a buscar asilo, y a disfrutar de él, en cualquier país.

2. Este derecho no podrá ser invocado contra una acción judicial realmente originada por delitos comunes o por actos opuestos a los propósitos y principios de las Naciones Unidas.

## Artículo 15

1. Toda persona tiene derecho a una nacionalidad.

2. A nadie se privará arbitrariamente de su nacionalidad ni del derecho a cambiar de nacionalidad.

## Artículo 16

1. Los hombres y las mujeres, a partir de la edad núbil, tienen derecho, sin restricción alguna por motivos de raza, nacionalidad o religión, a casarse y fundar una familia, y disfrutarán de iguales derechos en cuanto al matrimonio, durante el matrimonio y en caso de disolución del matrimonio.

2. Sólo mediante libre y pleno consentimiento de los futuros esposos podrá contraerse el matrimonio.

3. La familia es el elemento natural y fundamental de la sociedad y tiene derecho a la protección de la sociedad y del Estado.

## Artículo 17

1. Toda persona tiene derecho a la propiedad, individual y colectivamente.

2. Nadie será privado arbitrariamente de su propiedad.

## Artículo 18

Toda persona tiene derecho a la libertad de pensamiento, de conciencia y de religión; este derecho incluye la libertad de cambiar de religión o de creencia, así como la libertad de manifestar su religión o su creencia, individual y colectivamente, tanto en público como en privado, por la enseñanza, la práctica, el culto y la observancia.

## Artículo 19

Todo individuo tiene derecho a la libertad de opinión y de expresión; este derecho incluye el de no ser molestado a causa de sus opiniones, el de investigar y recibir informaciones y opiniones, y el de difundirlas, sin limitación de fronteras, por cualquier medio de expresión.

## Artículo 20

1. Toda persona tiene derecho a la libertad de reunión y de asociación pacíficas.
2. Nadie podrá ser obligado a pertenecer a una asociación.

## Artículo 21

1. Toda persona tiene derecho a participar en el gobierno de su país, directamente o por medio de representantes libremente escogidos.
2. Toda persona tiene el derecho de acceso, en condiciones de igualdad, a las funciones públicas de su país.
3. La voluntad del pueblo es la base de la autoridad del poder público; esta voluntad se expresará mediante elecciones auténticas que habrán de celebrarse periódicamente, por sufragio universal e igual y por voto secreto u otro procedimiento equivalente que garantice la libertad del voto.

## Artículo 22

Toda persona, como miembro de la sociedad, tiene derecho a la seguridad social, y a obtener, mediante el esfuerzo nacional y la cooperación internacional, habida cuenta de la organización y los recursos de cada Estado, la satisfacción de los derechos económicos, sociales y culturales, indispensables a su dignidad y al libre desarrollo de su personalidad.

## Artículo 23

1. Toda persona tiene derecho al trabajo, a la libre elección de su trabajo, a condiciones equitativas y satisfactorias de trabajo y a la protección contra el desempleo.

2. Toda persona tiene derecho, sin discriminación alguna, a igual salario por trabajo igual.

3. Toda persona que trabaja tiene derecho a una remuneración equitativa y satisfactoria, que le asegure, así como a su familia, una existencia conforme a la dignidad humana y que será completada, en caso necesario, por cualesquiera otros medios de protección social.

4. Toda persona tiene derecho a fundar sindicatos y a sindicarse para la defensa de sus intereses.

## Artículo 24

Toda persona tiene derecho al descanso, al disfrute del tiempo libre, a una limitación razonable de la duración del trabajo y a vacaciones periódicas pagadas.

## Artículo 25

1. Toda persona tiene derecho a un nivel de vida adecuado que le asegure, así como a su familia, la salud y el bienestar, y en especial la alimentación, el vestido, la vivienda, la asistencia médica y los servicios sociales necesarios; tiene asimismo derecho a los seguros en caso de desempleo, enfermedad, invalidez, viudez, vejez u otros casos de pérdida de sus medios de subsistencia por circunstancias independientes de su voluntad.

2. La maternidad y la infancia tienen derecho a cuidados y asistencia especiales. Todos los niños, nacidos de

matrimonio o fuera de matrimonio, tienen derecho a igual protección social.

## Artículo 26

1. Toda persona tiene derecho a la educación. La educación debe ser gratuita, al menos en lo concerniente a la instrucción elemental y fundamental. La instrucción elemental será obligatoria. La instrucción técnica y profesional habrá de ser generalizada; el acceso a los estudios superiores será igual para todos, en función de los méritos respectivos.

2. La educación tendrá por objeto el pleno desarrollo de la personalidad humana y el fortalecimiento del respeto a los derechos humanos y a las libertades fundamentales; favorecerá la comprensión, la tolerancia y la amistad entre todas las naciones y todos los grupos étnicos o religiosos, y promoverá el desarrollo de las actividades de las Naciones Unidas para el mantenimiento de la paz.

3. Los padres tendrán derecho preferente a escoger el tipo de educación que habrá de darse a sus hijos.

## Artículo 27

1. Toda persona tiene derecho a tomar parte libremente en la vida cultural de la comunidad, a gozar de las artes y a participar en el progreso científico y en los beneficios que de él resulten.

2. Toda persona tiene derecho a la protección de los intereses morales y materiales que le correspondan por razón de las producciones científicas, literarias o artísticas de que sea autora.

## Artículo 28

Toda persona tiene derecho a que se establezca un orden social e internacional en el que los derechos y libertades proclamados en esta Declaración se hagan plenamente efectivos.

## Artículo 29

1. Toda persona tiene deberes respecto a la comunidad, puesto que sólo en ella puede desarrollar libre y plenamente su personalidad.

2. En el ejercicio de sus derechos y en el disfrute de sus libertades, toda persona estará solamente sujeta a las limitaciones establecidas por la ley con el único fin de asegurar el reconocimiento y el respeto de los derechos y libertades de los demás, y de satisfacer las justas exigencias de la moral, del orden público y del bienestar general en una sociedad democrática.

3. Estos derechos y libertades no podrán, en ningún caso, ser ejercidos en oposición a los propósitos y principios de las Naciones Unidas.

## Artículo 30

Nada en esta Declaración podrá interpretarse en el sentido de que confiere derecho alguno al Estado, a un grupo o a una persona, para emprender y desarrollar actividades o realizar actos tendentes a la supresión de cualquiera de los derechos y libertades proclamados en esta Declaración.

Uno de los símbolos de los derechos humanos más reconocidos de la época, es un hombre cuya dedicación a las libertades de su pueblo ha inspirado a los defensores de los derechos humanos a lo largo del mundo.

## NELSON MANDELA

Nacido en Transkei, Sudáfrica, hijo de un jefe tribal, Mandela obtuvo un título universitario, graduándose en derecho. En 1944 se hizo miembro del Congreso Nacional Africano (CNA) y trabajó activamente para abolir las políticas del apartheid del Partido Nacional en el poder. Llevado a los tribunales por sus acciones, Mandela declaró: "he luchado contra la dominación blanca y he luchado contra la dominación negra. He abrigado el ideal de una sociedad libre y democrática en que todas las personas vivan unidas en armonía y con las mismas oportunidades. Es un ideal por el que espero vivir y que espero conseguir. Pero es un ideal por el que estoy preparado para morir, si es necesario".

Sentenciado a cadena perpetua, Mandela se convirtió en un poderoso símbolo de resistencia para el ascendente movimiento antiapartheid, negándose en repetidas ocasiones a comprometer su posición política para obtener su libertad. Puesto en libertad finalmente en febrero de 1990, intensificó la batalla contra la opresión para alcanzar las metas que él y otros habían decidido lograr casi cuatro décadas atrás.

En 1993, el Comité Noruego del Nobel decidió otorgar a Mandela y a FW de Klerk el Premio Nobel de la Paz por su trabajo en el fin del apartheid y por sentar las bases de una nueva democracia en Sudáfrica. Era la tercera vez que se entregaba el premio a alguien por su trabajo contra el apartheid.

Al aceptar el premio Mandela dijo: "Estamos aquí hoy solo como representantes de los millones de nuestros ciudadanos que se atrevieron a levantarse contra un sistema social cuya esencia es la guerra, la violencia, el racismo, la opresión, la represión y el empobrecimiento de todo un pueblo ".

En mayo de 1994, Mandela fue investido como el primer presidente negro de Sudáfrica, posición en que se mantuvo hasta 1999. Presidió la transición de la ley de la minoría y el apartheid, ganando respeto internacional por su defensa de la conciliación nacional e internacional. Por motivo de sus 90 años, se llevó a cabo una celebración internacional de su vida y la gran dedicación a sus metas de libertad e igualdad.

## ACTITUDES Y SU SIGNIFICADO SOCIAL:

## Pacifismo = No Violencia "Activa"
## Esta es mi máxima social, y mi actitud frente a la Vida.

El gran defensor de la resistencia pacífica a la opresión, Mahatma Gandhi, describió la no violencia como:
*"La mayor fuerza a disposición de la humanidad. Es más fuerte que la más poderosa arma de destrucción concebida por el ingenio del Hombre".*

Debemos rechazar todo tipo de violencias; familiares, domésticas, violencia como arma de guerra, acoso sexual, mutilación genital, la trata de mujeres y niñas, aborto forzado,...Hay que denunciarlo, hacerlo visible y decir "NO".

¿Por qué?

* Porque creo que el derecho a la vida es el derecho fundamental de todos los seres vivos.

* Porque creo en la bondad natural del humano, cuya vida debe desarrollarse con amor y solidaridad, para llegar a poder denominarse con dignidad "Ser Humano".

* Porque la violencia activa es la que concede la victoria al que promueve la violencia pasiva.

* Porque la guerra destruye todo lo mejor que hayamos podido crear, con  dedicación y esfuerzo. El caos que emana del conflicto se lleva los recursos humanos y

económicos que siempre necesitaremos para luchar contra la pobreza, la marginación, la incultura y las enfermedades. Y sobre todo, porque la guerra la deciden los "otros" y no nosotros, el pueblo que la sufre.

Y en definitiva porque creo en la No Violencia "Activa" como principal medio para alcanzar la auténtica Paz, los Derechos Humanos y el pleno desarrollo hacia la verdadera Humanidad.

Es indispensable hablar en este momento de La libertad, porque no parece que se tenga muy claro tanto su significado, como las responsabilidades que implica el usar esta palabra.

¿Qué es la libertad? Es respeto hacia las personas, animales, plantas, cosas,…usando tu libre albedrío sin atentar contra el derecho que tienen también los demás de renegar de su propias decisiones; pero por supuesto siendo responsable de las consecuencias de tales acciones.

La Libertad sirve para preservar nuestra vida y nuestra especie sobre la tierra. La cuidamos y la enriquecemos porque queremos vivirla plenamente y felizmente, sin causar ningún daño a nosotros mismos ni a los demás que la comparten con nosotros.

¿Qué es el libre albedrío? Es el poder de elección y decisión, que tenemos cada individuo. Es la relación entre los pensamientos y las acciones y muchos científicos tienen aquí un "caldo de cultivo" para debatir eternamente, y sin poder llegar a una conclusión racionalizada.

Hay cosas en este mundo que no hace falta racionalizarlas porque simplemente están dotadas de personalidad propia, de vida propia y además es innato e inalterable en nuestra condición de "ser humano". Se encuentra en nuestro código genético y una de esas maravillas es "el libre albedrío".

Ya no se puede decir que es una ilusión, porque hoy en día las mal llamadas "utopías" son verdades muy reales. Todas las decisiones y acciones en la vida humana implican riesgos y no solamente la de los empresarios, por que pueden salir mal o bien. El mas elemental sentido de justicia indica que uno mismo debe cargar con los resultados producidos. De sus consecuencias benéficas, uno es quien debe tener derecho a sacar el provecho y beneficiarse, y otro sin mediar consentimiento propio; en cambio, por los resultados perjudiciales en vidas, libertades, patrimonios, etc, uno debe tener obligación de pagar por los daños causados, tanto a otras personas como uno mismo, sin que otro pague obligadamente.

Aunque mas severas en los casos de violencia y fraude, las responsabilidades por las consecuencias dañosas deben ser relativamente independientes de las intenciones que guiaron a las acciones que causaron; y en todo caso absolutamente independientes del grado de poder que cada quien tenga para evadirlas.

Por eso es tan injusto que los gobernantes no sean quienes sufran por las consecuencias negativas de sus acciones sino nosotros.

Hay que aclarar que nación no es lo mismo que "la gente del pueblo" y un claro ejemplo es España.
Como nación, España es una sociedad con tradiciones, idioma principal e identidad única. Pero en "la gente del pueblo" reside la soberanía de la nación porque es un conjunto de diversidad cultural, de ideologías, etnias e idiomas; aquí esta lo más especial de este bello país y la verdadera "libertad".

## DECLARACION DE LIBERTAD

Yo *decreto* que:

1.-RECHAZO CUALQUIER FORMA DE VIOLENCIA, PROVENGA DEL ESTADO O DE CUALQUIER OTRA "FUERZA" Y PROMUEVO LA PAZ Y LA NO VIOLENCIA ACTIVA.

2.- SOY VIDA Y SOY LIBRE Y RESPETO Y CREO FIRMEMENTE, QUE TANTO LA VIDA COMO LA LIBERTAD, DEBEN SER RESPETADAS Y PROTEGIDAS.

3.- SOY CONSCIENTE DEL SUFRIMIENTO AL MORIR CUALQUIER SER VIVO, POR LO QUE ME COMPROMETO A AYUDAR A QUE NAZCAN VIDAS POR CADA UNA QUE MARCHE Y SOBRE TODO A EVITAR LA MUERTE VIOLENTADA DE SERES VIVOS; SIEMPRE Y CUANDO MI PROPIA LIBERTAD Y SUPERVIVENCIA NO ESTEN EN PELIGRO TAMBIEN, PUES ENTONCES NO PODRÍA SEGUIR SIRVIENDO A LA HUMANIDAD.

4.- TODOS UNIDOS SOMOS LA MAYOR FUERZA ACTIVA SOCIAL, Y A LA VEZ ESPECIALMENTE ÚNICOS Y VERDADEROS; A LOS CUALES NOS UNE LA LIBERTAD Y EL DE DESEOS DE QUE TODOS SIGAMOS SIENDO LIBRES.

5.- ME COMPORTO FRATERNALMENTE Y ESPERO EL MISMO TRATO.

6.- NO ME RIJO POR JERARQUIAS, PUES SOY UNO/A CON TODOS Y CREO IGUALDAD.

7.-GARANTIZO MI PROPIA SEGURIDAD, NO ATENTANDO CONTRA LA SEGURIDAD DE LOS DEMAS, Y RECURRO A LA "NO INTERFERENCIA" Y A LA "NO ACCIÓN", EN CASO DE QUE OTROS QUIERAN APROVECHARSE DE MI ESFUERZO.

8.- NO SOY ESCLAVA/O DE NADIE.

9.- NO ACEPTO LA TORTURA; NO ACEPTO LA PENA DE MUERTE; NO ACEPTO LA PRIVACION DE LIBERTAD; NO ACEPTO LOS MALOS TRATOS FISICOS Y/O SIQUICOS; Y TAMPOCO ACEPTO LA SUMISIÓN, YA QUE TODO ELLO ES INHUMANO Y DEGRADANTE.

10.-AYUDO A QUE EL MUNDO SEA MAS JUSTO Y A QUE NO SE DISCRIMINE A NADIE; A QUE NO HAYAN PRE-JUICIOS Y A QUE DESAPAREZCAN "FRONTERAS".

11.- RECHAZO EL NOMBRE "RELIGION" Y CREO EN LA "SABIDURIA ANCESTRAL, FUENTE PRIMORDIAL", DE LA LUZ Y EL AMOR, QUE ANIDAN EN LA AUTÉNTICA NATURALEZA HUMANA.

12.- CREO QUE LA COMUNIDAD PUEDE Y DEBE UTILIZAR MEDIOS DEMOCRÁTICOS Y UNA EDUCACION SOCIAL ACTIVA, PARA SU PROPIO DESARROLLO; TANTO INDIVIDUAL COMO COLECTIVO.

13.- YO ME EXPRESO LIBREMENTE Y DEFIENDO LA LIBERTAD DE EXPRESION; SIEMPRE CON RESPETO Y DIPLOMACIA.

14.- ACTUO POR VOLUNTAD PROPIA Y SIN INTERMEDIARIOS.

15.- CREO FIRMEMENTE EN LA SOLIDARIDAD, BAJO EL PRINCIPIO DE: *- AYUDAR A LOS DEMAS SIN PEDIR NADA A CAMBIO.-*

16.- DESARROLLO MI PERSONALIDAD A TRAVÉS DE MIS HABILIDADES CREATIVAS, DE FORMA ÍNTEGRA Y EN SU TOTAL PLENITUD. PARA MAYOR BIEN DE LA COMUNIDAD.

17.- TENGO COMO BASE ECONOMICA EL INTERCAMBIO RESPONSABLE Y EL USO DE ENERGIAS ALTERNATIVAS SOSTENIBLES; LAS CUALES NO LIMITAN A LA MADRE NATURALEZA. Y ASÍ, TODOS JUNTOS, PODEMOS AYUDAR A LA REGENERACION DE NUESTRO MEDIO AMBIENTE.

18.- ME DEDICO A MI PROPIA FORMACIÓN, AMPLIANDO MIS CONOCIMIENTOS DE FORMA CONSCIENTE. NO EXISTEN LAS DIFERENCIAS EN UNA EDUCACION LIBRE, YA QUE LA PLURALIDAD HACE PROGRESAR A LA HUMANIDAD, EN FUNCIÓN DE LAS APTITUDES DE CADA SER VIVO. INCLUYENDO SUS HABILIDADES MANUALES Y ARTÍSTICAS Y SIN IMPORTAR EL TIEMPO QUE CADA UNO DEDIQUE A SU ESTUDIO, DESARROLLO Y EVOLUCION PERSONAL.

19.- NUESTROS DERECHOS HUMANOS Y SOCIALES, SON PRIORITARIOS, DESDE EL MOMENTO DE NUESTRO NACIMIENTO Y NO PUEDEN SER MANIPULADOS NI USURPADOS POR NINGUN TIPO DE "INTER-MEDIACION".

20.- Y...MI LIBERTAD, NO LIMITARÁ NUNCA TÚ LIBERTAD, SIEMPRE Y CUANDO NO LIMITES TÚ LA MIA Y NO TE APROVECHES DE MI ESFUERZO POR AYUDAR-TE.

¡¡¡ GRATITUD, RESPETO Y AMOR !!!

## APÉNDICES:

### Primero: Vida

Cuando conversamos acerca del sufrimiento al morir, suele aparecer el tema de la eutanasia, llegando a convertirse en un debate social a nivel grupal; en cambia cuando se habla del sufrimiento a vivir, siempre interviene el aspecto cultural del país en que habites.
Digo esto sin olvidarme del término "religión", por supuesto.

Sólo sé por mi experiencia personal, que el sufrimiento es una opción individual, y no se debe tratar de forma aleatoria y en base a ello quiero dedicar este primer apéndice.

Tal vez os parezca poco convencional, pero son mis creencias y otra visión distinta a la que estamos acostumbrados, espero que resuene en el interior de alguno de vosotros y ya me daré por muy, pero que muy satisfecha.

*"SOY CONSCIENTE DEL SUFRIMIENTO AL MORIR CUALQUIER SER VIVO, POR LO QUE ME COMPROMETO A AYUDAR A QUE NAZCAN VIDAS POR CADA UNA QUE MARCHE..."*

Os contaré una historia remontándome al principio de los tiempos. Nos encontramos en el "Edén" y estamos viendo el Árbol de la Vida.

Fíjate en esta imagen, en ella vemos un hermoso y bello árbol con frutos que parecen manzanas doradas, también en sus ramas hay flores blancas y hojas lanceladas verdosas.

A los pies del árbol una bella mujer, sentada en posición de loto, de la cual parecen salir las raíces de este árbol, en sus manos sostiene dos cuencos y una media luna en el centro de su chakra raiz.

A la derecha un hombre, iluminado y alado; el cual sostiene en una mano la llama ardiente y en la otra mano un caduceo.
A la izquierda de la imagen un Ángel, al lado del tronco igual que el hombre, Ella esta iluminada y alada, y en su mano derecha sostiene una paloma blanca, su pelo es largo y de color fuego.

También observamos una serpiente enroscada en el tronco del árbol y todo el conjunto se haya rodeado de un haz de Luz Radiante y Circular.

Ahora reflexionemos sobre el simbolismo de lo que estamos viendo y pasemos a la contemplación.

En este momento sólo estás tú y el Árbol que empieza a vibrar en tu mente.

*El árbol es dador de vida y ofrece cobijo y protección.*

*La mujer en meditación en posición de loto, simboliza la concentración de la fuerza vital en la profundidad, que fluye entrando en formas de existencia temporales.*
*En cada una de sus manos sostiene cuencos del que fluye el Agua de la Vida.*

## ELLA ES LA MADRE TIERRA

*Su corazón, son sus raíces y el centro del Amor de todos los seres vivos.*
*Su mente, es la Fuerza Vital vinculada a la fuerza del Conocimiento Sagrado.*

*El hombre personifica el principio de la Sabiduría y la actuación inteligente y amante de la vida en la existencia material.*

*El ángel simboliza la intuición, la potencia anímica, inteligencia creadora libre y energías curativas naturales que posee el ser humano.*

*Las flores, hojas y frutos dorados del árbol simbolizan nuestras fuerzas cognitivas con la ayuda de nuestro espíritu y a través de acciones, trabajos y experiencia en la existencia humana.*

*La serpiente es un animal chamánico y sagrado, aunque en la cultura occidental por la influencia bíblica se le ha tachado de maldad, en realidad representa el estado iniciático de todo ser vivo nacido; por lo que en muchas otras cultura representa la sabiduría ancestral e innata en todo ser, sin entrar en valoraciones de el Bien y el Mal.*

*El árbol está envuelto en un aura circular de color rosa, pues cuando el Ser desarrolla sabiamente su árbol interno de la vida, emite una sutil radiación curativa. Y el rosa corresponde a las fuerzas curativas del Alma.*

*En el fondo del árbol brillan el amarillo y el blanco, la sabiduría divina que irradia e inspira toda Vida.*

*<u>Árbol de la Vida simboliza el camino de individualización del Ser Humano, el cual aprende en su tránsito por las distintas etapas de su existencia a relacionarse con las fuerzas del conocimiento, sabiduría e iluminación.</u>*

En este lugar lleno de Armonía, se desarrolla una vida plena llena de seres vivos que alegremente comparten sus existencias, sin interferir los unos con los otros porque saben que todos forman una unidad y que son los que sustentas la propia vida de la Madre Tierra.

Ellos sin sus cuidados y alimentos no podrían vivir, pero Ella sabe que sin sus amados hijos, sería estéril y moriría en muy poco tiempo.

Así pues la vida se desarrolla y sus hijos evolucionan y crecen hasta el punto de que no existe el dolor ni el sufrimiento porque la comunidad que han creado esta basada en el amor, el desarrollo de sus propias habilidades que comparten entre todos y se siente felizmente armónicos.

El sonido del universo es la música celestial que el eco de las montañas dulcemente les susurra al oído cada día.

Pero un día aparece un grupo de personajes que sólo buscan *ser más que ser*; buscan el mal llamado "poder". Todo se vuelve extraño, porque vida se esconde, nace la supervivencia porque la vivencia se ve como una anormalidad.

Estos seres no pertenecen a este mundo, porque viven lejos de nuestra realidad y es entonces cuando aparece SUFRIMIENTO, DOLOR, INSEGURIDAD, HUMILLACIÓN,...todos ellos van adquiriendo más y más poder.

Y un día, el Ángel decide actuar y ayudar a los Hijos e Hijas de la Tierra, otorgándoles un Libro donde encontrarán todo acerca de esos seres extraños y cómo transformarlos en AMOR, FELICIDAD, ALEGRIA, ARMONIA, PROSPERIDAD,...

<u>Primero nos hace recordar que</u>: *"Tu eres el Sol, tu eres la sabiduría suprema manifestándose, aquí y ahora, en este momento con toda tu Fuerza Espiritual y todo tu Poder puesto en Acción. Con Amor y con Firmeza transformas todos tus sueños en realidad. Pide y se te dará. Manifiéstate al Nivel más Alto posible, en todo tu Esplendor, brillando como la mas bella Luz del Mundo."*

<u>*Y luego nos enseña de nuevo que:*</u> *"Nuestra alma viajera sabe cómo descubrir la verdad y la sabiduría ancestral, para que se convierta en parte de nuestra conciencia social y sobre todo habite para siempre en nuestro subconsciente y así permanecer en todo momento, despiertos y activos".*

## Segundo: Social

El Socialismo surgió ante la situación desesperada que se encontraba la clase trabajadora o proletaria durante el periodo de la Revolución Industrial, del siglo XIX.

Los pensadores de la época buscaron un modelo económico diferente, un sistema más justo donde no hubiese tanta desigualdad social.

Ellos - llamados Socialistas Utópicos - creían que la producción capitalista que tuvo inicio con la propiedad privada y la explotación de los trabajadores, no tenía que distribuir la riqueza producida.

Y la "clase política" cómo ciencia de la producción, era un GÉRMEN para la situación económica del país; también para las clases sociales, porque su gusto por la "filantropía", hacía que los ricos fueran más ricos y los pobres más pobres. En realidad, buscaban el máximo poder para así proclamar "la abolición del Estado".

*El socialismo tuvo un marcado carácter moralista y ético.*

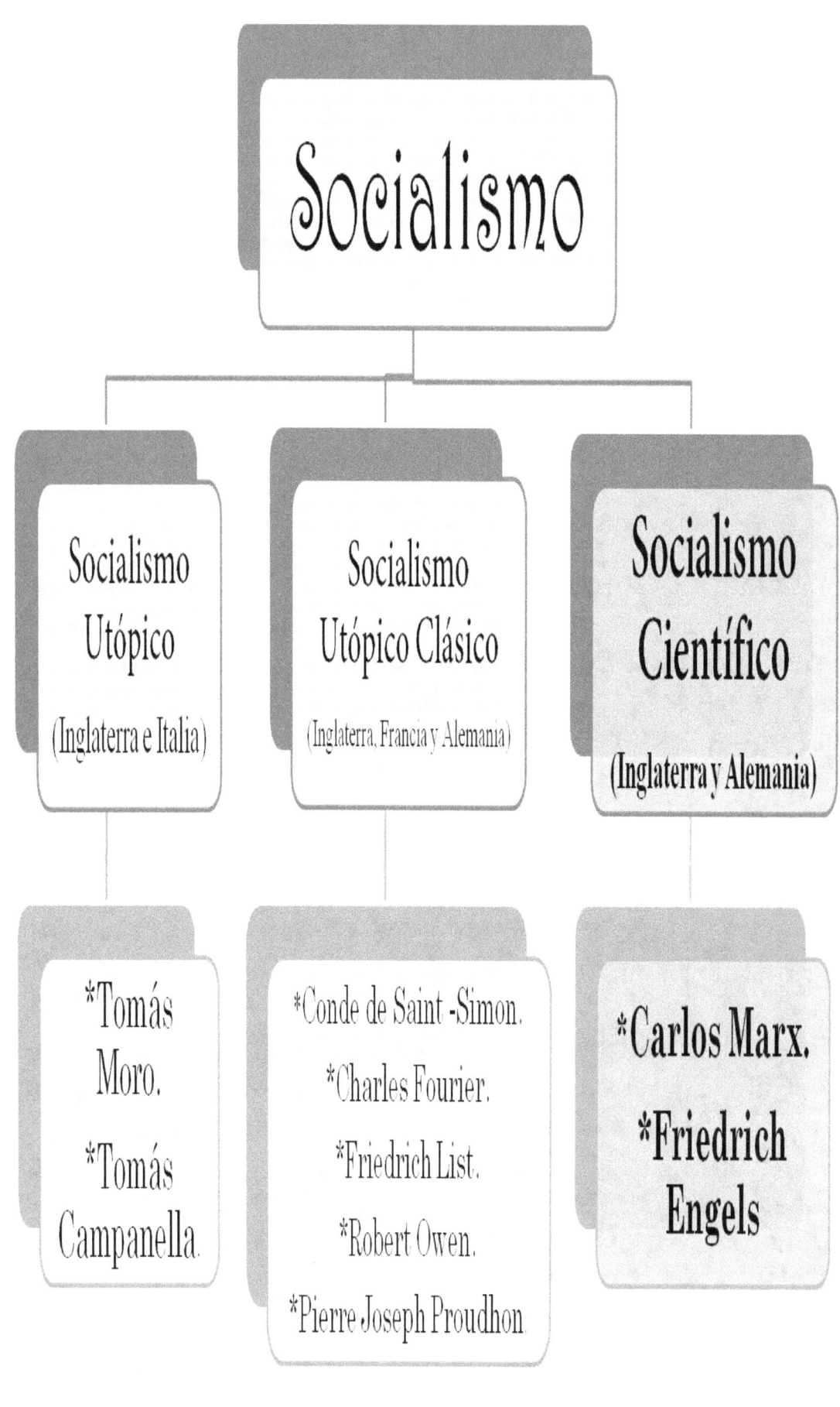

Socialismo

Socialismo Utópico
(Inglaterra e Italia)

Socialismo Utópico Clásico
(Inglaterra, Francia y Alemania)

Socialismo Científico
(Inglaterra y Alemania)

*Tomás Moro.

*Tomás Campanella.

*Conde de Saint -Simon.

*Charles Fourier.

*Friedrich List.

*Robert Owen.

*Pierre Joseph Proudhon.

*Carlos Marx.

*Friedrich Engels

Los principios básicos del socialismo en la actualidad son:

* La socialización de los medios de producción. El Estado (sea democrático o no) es dueño de ellos y los administra en forma colectivista.

* Distribución de bienes, intereses, riquezas, en forma igualitaria.

* Anulación de las clases sociales y la lucha de clases, así como de la apropiación, por parte de los proletarios, de la fuerza de trabajo de los obreros.

* Control consciente de la sociedad sobre la administración y economía de la estructura social.

Antes de seguir quiero hacer esta reflexión sobre el sufijo -*ismo*.

Se usa con nombres abstractos: de cualidad (altruismo), de adhesión a doctrina o partido (estoicismo, socialismo, capitalismo, anarquismo, etc..), de disposición o actitud (pesimismo).

También se emplea para *crear significados de::*
* *Doctrina, sistema, escuela o movimiento: platonismo, conservadurismo, capitalismo.*
* *Actitud, conducta: egoísmo, puritanismo, alcoholismo.*
* *Palabra o expresión propios de una lengua o dialecto: latinismo, anglicismo, andalucismo.*
* *Actividad o afición: alpinismo, atletismo, coleccionismo.*
* *Condición: isomorfismo, tropismo.*

Ya podemos seguir, gracias.

## Tercero: Capital

El Capitalismo, que no es utópico (porque se ha convertido en la base de toda economía mundial y quieren que sobreviva en este mundo actual), busca perpetuar la desigualdad social y la división de clases, aplicando principalmente <u>EL TEOREMA DE LA TELARAÑA.</u>

Paso a la explicación, más breve:

En los mercados de libre competencia y especialmente en el mercado agrícola, se basa el proceso por el que un producto se adapta a una modificación, en el valor de alguna variable que alcanza una nueva situación de equilibrio llamado (proceso de ajuste) que experimentan la exposición pública que se le hacen a las mercancías cuando las exigen para la venta. La cantidad de productos que una empresa este dispuesta a vender durante un tiempo determinado cuando se tiene la cantidad ofrecida y el precio del producto a esto se le denomina oferta. Un factor importante además de la oferta es la demanda quiere decir precio requerido, con estos dos factores se alcanza a enfatizar el equilibrio. Se parte de un presupuesto donde el análisis predetermina evaluar el estado de una empresa frente al mercado en un límite de tiempo, para así mejorar las ventas en el mercado según la cantidad que se transforme de mayor a menor ahí se presenta la cantidad demandada quiere decir la cantidad que se pueda pagar, para satisfacer una necesidad a la hora de concretar un precio que se establezca mayor y a la vez convertirlo en negociable absoluto para alcanzar el punto de equilibrio en el cual costes totales son iguales a los ingresos por lo que no se obtienen beneficio alguno, a pesar de la variabilidad económica denota el punto de equilibrio nombrado anteriormente.

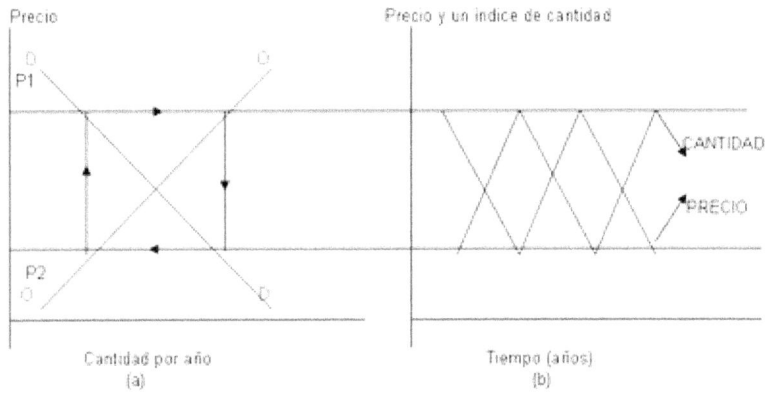

Según estas gráficas P es el (precio) D( demanda) O (oferta) allí se representa periódicamente donde ( P 1 ) es el año anterior y P2 es el año actual, donde el precio varia ( sube y baja) según la necesidad de la demanda y cantidades en cualquiera de los dos años hacia el producto expuesto( P 2) depende de P1, según el precio dado en el año anterior y los ingresos para el productor se denomina el precio del año actual (P2), en el grafico (a) se presenta un diagrama donde los precios dependen de la demanda y la oferta y las cantidades se mueven en dirección contraria a los precios como lo representa las flechas. Y se distribuyen por año y varían, así que la oferta se mantiene inelástica , donde si el precio sube se consume menos y si baja se consume mas.  En la gráfica 2 se representa el tiempo en que varían los precios y la cantidad formándose la telaraña.

EJEMPLO:
La demanda de helados en un día común y corriente puede ser 40 unidades, pero en día de calor la demanda de helados puede ser 100, esto es porque hay más personas que desean consumir helados debido al calor, aun cuando el precio del helado no ha variado. Pero como aumenta la demanda de helados lo más probable es que este suba su precio.

VENTAJAS:
Se obtiene una ventaja cuando la cantidad y el precio son buenos para el cliente así de la misma manera el productor obtiene más ganancias aún variando el precio y la cantidad hasta un tiempo determinado.

DESVENTAJAS:
Cuando se presenta una sobre producción de productos hay menos ganancias por que el precio baja y se obtiene mayor demanda, pero menos ingresos para el productor ya que en un momento dado en el mercado existen la misma mercancía donde el precio se modifica, el consumidor se le facilitan mas los productos ya que hay mas productores del mismo producto donde se presenta la escasez y ya no ve ingresos así que se retira del mercado.

ESTE PARECE EL MODELO QUE SE APLICA ACUTALMENTE EN LA EUROZONA Y MUY EN PARTICULAR EN NUESTRO PAÍS ESPAÑA.

## Y AL FINAL: Le llamaremos Libertad al sentido de la Vida.

Todos tejemos juntos el mundo en el cual vivimos, a través de la energía y el pensamiento, entendiendo que "la energía sigue al pensamiento". Cuando la gente dice que somos lo que pensamos, esto es de algún modo verdadero y debemos entender lo que verdaderamente significan estas palabras. Y lo que significan es que, en un nivel, todos somos responsables por cada hilo, por cada fibra que nos conecta.

Según los indios Hopi, al principio solo existían Tawa, el Dios Sol, y Mujer Araña, la Diosa Tierra.

Todos los misterios y el poder del cielo pertenecían a Tawa, mientras que Mujer araña controlaba la magia de la tierra. Al comienzo del tiempo, una chispa de conciencia se encendió en el espacio infinito.

Esta chispa era el espíritu del sol, llamado Tawa.
Y Tawa creó el primer mundo: una enorme caverna poblada únicamente por insectos. Tawa observó durante

unos instantes cómo se movían y sacudiendo la cabeza pensó que aquella población hormigueante era más bien estúpida.

Entonces les envió a la Madre Araña que dijo a los insectos:

Tawa, el espíritu del sol que os ha creado, está descontento de vosotros porque no comprendéis en absoluto el sentido de la vida. Así que me ha ordenado que os conduzca al segundo mundo, que está por encima del techo de vuestra caverna. Los insectos se pusieron a trepar hacia el segundo mundo. La ascensión era larga, tan larga y tan penosa que, antes de llegar al segundo mundo, muchos de ellos se habían transformado en animales poderosos.

Tawa los contempló y dijo:

Estos nuevos vivientes son tan estúpidos como los del primer mundo. Tampoco parecen capaces de comprender el sentido de la vida.

Entonces pidió a la Madre Araña que los condujera al tercer mundo. En el transcurso de este nuevo viaje algunos animales se transformaron en hombres.

La Madre Araña enseñó a los hombres la alfarería y el arte del tejido. Los instruyó convenientemente y en la cabeza de hombres y mujeres comenzó a despuntar un destello, una vaga idea del sentido de la vida. Pero los brujos malvados, que sólo se sentían a gusto en las tinieblas, extinguieron aquel destello de luz y cegaron a los humanos. Los niños lloraban, los hombres peleaban y se lastimaban: habían olvidado el sentido de la vida.

Entonces la Madre Araña volvió a ellos y les dijo:

Tawa, el espíritu del sol, está muy descontento de vosotros. Habéis desperdiciado la luz que había brotado en vuestras cabezas. Por consiguiente, deberéis ascender al cuarto mundo. Pero esta vez, tendréis que encontrar por vosotros mismos el camino.

Los hombres, perplejos, se preguntaban cómo podrían subir al cuarto mundo. Durante largo tiempo permanecieron en silencio. Al fin, un anciano tomó la palabra:
*Creo haber oído ruido de pasos en el cielo. Es cierto -asintieron los demás-. También nosotros hemos oído el caminar de alguien allá arriba.*

Así pues, enviaron al «pájaro gato» a explorar el cuarto mundo que parecía habitado. El pájaro gato se coló por un agujero del cielo y pasó al cuarto mundo, donde descubrió un país semejante al desierto de Arizona. Sobrevoló el país y divisó a lo lejos una cabaña de piedra. Al aproximarse, vio delante de la cabaña a un hombre que parecía dormir, sentado contra la pared. El pájaro gato se posó junto a él y el hombre despertó. Su rostro era extraño, pavoroso; completamente rojo, cubierto de cicatrices, quemaduras y costras de sangre, con unos trazos negros pintados sobre los pómulos y sobre la nariz. Sus ojos estaban tan hundidos en las órbitas que eran casi invisibles, a pesar de lo cual el pájaro gato vio brillar en ellos un resplandor aterrador. Reconoció a aquel personaje: era la Muerte. La Muerte miró detenidamente al pájaro gato y le dijo gesticulando:

¿No tienes miedo de mí? No-respondió el pájaro-.

Vengo de parte de los hombres que habitan el mundo qué está debajo de éste. Quieren compartir contigo este país. ¿Es eso posible?

La Muerte reflexionó unos momentos.

Si los hombres quieren venir -dijo finalmente con aire sombrío-, que vengan.

El pájaro gato volvió a bajar al tercer mundo y contó a los hombres lo que había visto. La Muerte acepta compartir con vosotros su país-les comunicó.
¡Gracias le sean dadas! -respondieron los hombres-. ¿Pero cómo podremos subir hasta allá arriba? Pidieron consejo a la Madre Araña y ésta les dijo: Plantad un bambú en el centro de vuestro poblado y cantad para ayudarle a crecer.

(Cabe aclarar que en las otras dimensiones no existía la muerte sólo en la nuestra).

Así hicieron los hombres y el bambú creció. Cada vez que los cantores tomaban aliento entre dos estrofas, se formaba un nudo en el tallo del bambú. Cantaban sin cesar y la Madre araña danzaba y danzaba para ayudar a que el bambú creciera bien derecho. Del alba hasta el crepúsculo cantaron sin tregua hasta que, por fin, la Abuela Araña exclamó:

*¡Mirad! ¡La punta del bambú ha pasado por el agujero del cielo!*

Entonces los hombres empezaron a trepar por el bambú, alegres como niños. Nada llevaban consigo, estaban desnudos, tan desprovistos como el primer día de su vida.

¡Sed prudentes! -les gritó la abuela-. ¡Sed prudentes!

Pero ya no le oían, estaban demasiado arriba.

Alcanzaron el cuarto mundo y en él construyeron poblados, plantaron maíz, calabazas y melones, hicieron jardines y huertos. Y esta vez, para no olvidar el sentido de la vida, pasaron la historia por generaciones para que jamás fuera olvidada.